Rocas y Minerales

Kathleen Weidner Zoehfeld

NATIONAL GEOGRAPHIC

Washington, D.C.

Para mi abuelo, quien amaba las rocas de las Catskills —K. W. Z.

La editorial y la autora agradecen a Steve Tomecek, alias "the Dirtmeister", por la revisión experta de este libro.

Libro en rústica ISBN: 978-1-4263-3520-4
Encuadernación de biblioteca reforzada ISBN: 978-1-4263-3521-1

Créditos de fotografía

TAPA, Dorling Kindersley/Getty Images; 1, Walter Geiersperger/Corbis; 4-5, Michael DeYoung/Corbis; 6-7, Allen Donilkowski/Flickr RF/Getty Images; 8, Suzi Nelson/Shutterstock; 9 (ARRIBA, IZQUIERDA), Martin Novak/Shutterstock; 9 (ARRIBA, DERECHA), Manamana/Shutterstock; 9 (IZQUIERDA CENTRO), Tyler Boyes/Shutterstock; 9 (DERECHA CENTRO), Biophoto Associates/Photo Researchers, Inc.; 9 (ABAJO, IZQUIERDA), Charles D. Winters/Photo Researchers RM/Getty Images; 9 (ABAJO, DERECHA), Steffen Foerster Photography/Shutterstock; 10, Dorling Kindersley/Getty Images; 11 (ARRIBA), Charles D. Winters/Photo Researchers RM/Getty Images; 11 (ABAJO), Biophoto Associates/Photo Researchers, Inc.; 12, Suzi Nelson/Shutterstock; 12-13, Tim Robinson; 14 (ARRIBA), Bragin Alexey/Shutterstock; 14 (CENTRO), Visuals Unlimited/Getty Images; 14 (ABAJO), Glen Allison/Photodisc/Getty Images; 15, beboy/Shutterstock; 16, Jim Lopes/Shutterstock; 16 (inset), Suzi Nelson/Shutterstock; 17 (ABAJO), Visuals Unlimited/Getty Images; 17 (ARRIBA), Gary Ombler/Dorling Kindersley/Getty Images; 18 (ABAJO, DERECHA), Doug Martin/Photo Researchers/Getty Images; 18, Suzi Nelson/Shutterstock; 19 (ARRIBA, IZQUIERDA), Michal Baranski/Shutterstock; 19 (ARRIBA, DERECHA), Tyler Boyes/Shutterstock; 19 (ABAJO, IZQUIERDA), Charles D. Winters/Photo Researchers RM/Getty Images; 19 (ABAJO, DERECHA), Doug Martin/Photo Researchers RM/Getty Images; 19 (ABAJO), A. Louis Goldman/Photo Researchers, Inc.; 20 (ARRIBA, IZQUIERDA), sculpies/Shutterstock; 20 (ARRIBA, DERECHA), David W. Hughes/Shutterstock; 20 (ABAJO), Philippe Psaila/Photo Researchers, Inc.; 21 (ARRIBA, IZQUIERDA), S.J. Krasemann/Peter Arnold/Getty Images; 21 (ARRIBA, DERECHA), Myotis/Shutterstock; 21 (ABAJO, IZQUIERDA), Mark A Schneider/Photo Researchers/Getty Images; 21 (ABAJO, DERECHA), Jim Parkin/Shutterstock; 22-23, Tim Robinson; 24, Dorling Kindersley/Getty Images; 25, James L. Amos/Photo Researchers RM/Getty Images; 26 (ABAJO, IZQUIERDA), Mr. Lightman/Shutterstock; 27 (ARRIBA, IZQUIERDA),Breck P. Kent/Animals Animals; 27 (ARRIBA, DERECHA), Burazin/Getty Images; 27 (ABAJO, IZQUIERDA), Biophoto Associates/Photo Researchers RM/Getty Images; 27 (ABAJO, DERECHA), Don Farrall/Getty Images/SuperStock; 28, SuperStock; 29, Gary Blakeley/Shutterstock; 30 (ARRIBA), beboy/Shutterstock; 30 (CENTRO), Dr. Marli Miller/Visuals Unlimited, Inc./Getty Images; 30 (ABAJO), Dan Shugar/Aurora Photos; 31 (ARRIBA, IZQUIERDA), Cbenjasuwan/Shutterstock; 31 (ARRIBA, DERECHA), Bakalusha/Shutterstock; 31 (ABAJO, IZQUIERDA), Leene/Shutterstock; 31 (ABAJO, DERECHA), Buquet Christophe/Shutterstock; 32 (ARRIBA, DERECHA), Dan Shugar/Aurora Photos; 32 (ARRIBA, IZQUIERDA), Martin Novak/Shutterstock; 32 (CENTRO DERECHA), beboy/Shutterstock; 32 (CENTRO IZQUIERDA), Bragin Alexey/Shutterstock; 32 (ABAJO, DERECHA), Jim Lopes/Shutterstock; 32 (ABAJO, IZQUIERDA), LesPalenik/Shutterstock; header, HamsterMan/Shutterstock; FONDO, sommthink/Shutterstock

National Geographic apoya a los educadores K-12 con Recursos del ELA Common Core.
Visita natgeoed.org/commoncore para más información.

Tabla de Contenidos

Rocas por todas partes

Sal a caminar y mira a tu alrededor. Es posible que veas rocas bajo tus pies. ¿Son grises o negras? ¿De color marrón claro u oscuro? Podrían ser verdes, azules, blancas, rosadas o incluso rojas.

O tal vez estén salpicadas de muchos colores distintos.

Recoge algunas rocas. ¿Son ásperas o suaves? ¿Son pesadas o livianas?

P ¿Por qué se miró al espejo la piedra?

R ¡Para ver si era preciosa!

Las rocas se ven y se sienten de cierta manera gracias a los minerales que contienen.

Minerales asombrosos

Todas las rocas están hechas de minerales. Cada mineral tiene su propia forma, que se llama *cristal*.

Los geólogos han hallado muchos minerales en la Tierra. Algunos minerales son fáciles de hallar. Otros son difíciles de hallar.

Vocabulario

CRISTAL: Forma que adquiere un mineral en una roca cuando la roca se forma

GEÓLOGO: Científico que estudia las rocas

Fácil de hallar

cuarzo

mica

feldespato

Difícil de hallar

esmeralda

zafiro

oro

Ensalada de minerales

Algunas rocas están hechas de un solo mineral. Pero la mayoría contiene dos o más minerales.

El mineral oro suele estar mezclado con cuarzo.

La piedra caliza está hecha de un solo mineral.

La pegmatita está hecha de muchos minerales.

Grupos de rocas

Las rocas se forman de tres maneras diferentes. Por eso, los geólogos las clasifican en tres grupos:

1. **Ígneas**

2. **Sedimentarias**

3. **Metamórficas**

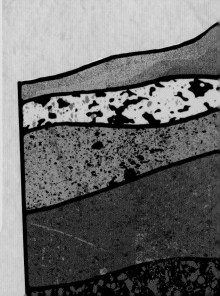

Vocabulario

ROCAS ÍGNEAS: Rocas que se forman tras el enfriamiento de rocas muy calientes

MAGMA: Roca fundida, muy caliente, que se forma en el interior de la Tierra y sale al exterior en forma de lava

1 Rocas ígneas

La mayoría de las rocas de la Tierra son ígneas. Las rocas ígneas comienzan a formarse del magma. El magma es roca muy caliente en el interior de la Tierra.

lava

volcán

magma

El granito se forma cuando el magma se enfría lentamente debajo de la tierra.

El magma se convierte en roca ígnea cuando se enfría. A veces el magma se enfría lentamente debajo de la tierra.

La obsidiana se forma cuando la lava se enfría rápidamente sobre la tierra.

Cuando un volcán entra en erupción, el magma que está debajo de la tierra presiona hacia arriba. En la superficie, el magma se enfría rápidamente.

Estas rocas de basalto están en Irlanda. Se formaron con lava volcánica hace millones de años.

El magma que sale a través de un volcán se llama lava.

La piedra arenisca está formada por granos de arena.

Vocabulario

ROCAS SEDIMENTARIAS: Rocas que se forman cuando pequeños trozos de roca se agrupan y se pegan

2 Rocas sedimentarias

Las rocas se parten en pedazos pequeños por acción del viento, la lluvia y el hielo. Estos pedazos se llaman sedimentos.

El esquisto está formado por capas de barro unidas a presión.

El agua y el viento llevan los sedimentos hasta los lagos y los océanos. Los sedimentos se hunden y forman capas que se acumulan al fondo del agua.

El conglomerado está hecho de muchas cosas, como arena y guijarros.

Los minerales mezclados con el agua son el pegamento que une los trozos de roca. Así se forman algunas rocas sedimentarias.

3 Rocas metamórficas

Bajo la superficie de la Tierra hay inmensas placas de roca. Son las placas tectónicas. Estas placas siempre están en movimiento, pero la mayor parte del tiempo, no sentimos ese movimiento.

Cuando las placas se superponen o chocan, las rocas se calientan y se comprimen. Eso cambia las rocas y las convierte en rocas metamórficas.

Vocabulario

ROCAS METAMÓRFICAS: Rocas que han cambiado por el calentamiento y la compresión

La piedra arenisca (roca sedimentaria) se convierte en cuarcita (roca metamórfica).

La piedra caliza (roca sedimentaria) se convierte en mármol (roca metamórfica).

Estas capas plegadas de roca metamórfica están en Italia.

7 datos geniales sobre las rocas

1

Los antiguos egipcios construyeron
las pirámides con piedra
caliza hace miles de años.
Aún están en pie.

2

Los diamantes son las rocas
más duras de la Tierra. Incluso
pueden cortar
el acero.

3

El mineral más blando de la Tierra
es el talco. Puedes deshacerlo
entre tus dedos.

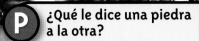
4

Algunas piedras pómez son tan livianas que flotan en el agua.

5

La Luna está hecha en su mayor parte de rocas ígneas.

6

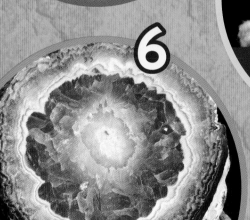

Por fuera, la geoda parece una roca común y opaca. Si la abres, podrías hallar hermosos cristales ocultos en su interior.

7

Si tocas la obsidiana, la sentirás suave como el vidrio.

El ciclo de las rocas

La Tierra es como una fábrica gigantesca de rocas. Las rocas viejas se parten en trozos cada vez más pequeños. Y todo el tiempo se forman rocas nuevas.

En la Tierra, algunas cosas se repiten una y otra vez, siempre en el mismo orden. Eso se llama ciclo.

rocas ígneas

rocas ígneas

lluvia, viento, hielo

volcán

rocas sedimentarias

placas en movimiento

compresión

rocas metamórficas

magma

Fósiles

A veces, las conchas, los huesos y otras partes de seres vivos quedan cubiertos con sedimento. El agua se filtra en pequeños espacios dentro de las conchas o huesos.

Los minerales que hay en el agua rellenan estos espacios. Los huesos o las conchas se convierten en fósiles. Los fósiles pueden hallarse en algunas rocas sedimentarias.

fósil de caracola

Un científico extrae huesos de dinosaurio de una roca.

25

Piedras preciosas

Las piedras preciosas
contienen cristales de formas
y colores hermosos. Se usan
principalmente para hacer joyas.

El diamante que se extrae de la roca puede usarse para hacer un anillo espléndido.

diamante

El rubí que se extrae de la roca se pule y se talla. ¡Ahora es una piedra preciosa!

rubí

Llegaron para quedarse

Mira los edificios y las calles que te rodean. ¿Ves las rocas? ¡Están por todas partes!

Los ladrillos se fabrican con minerales arcillosos.

La piedra arenisca se usa para construir escalones.

La piedra caliza se usa para hacer el cemento de las aceras.

Las paredes del Monumento a Washington son en su mayor parte de mármol blanco. Este monumento es la estructura de piedra más alta del mundo.

Muchas de las cosas que construimos con rocas se mantendrán en pie por muchos, muchos años.

Supera a tus padres

¿Pueden tus padres responder estas preguntas sobre las rocas? ¡Tal vez tú sepas más que ellos!

Las respuestas están al pie de la página 31.

1

¿Qué sale de un volcán en erupción?

A. guijarros
B. lava
C. sedimentos
D. agua

2

El ciclo en que las rocas viejas se transforman en rocas nuevas se llama ____.

A. ciclo mineral
B. ciclo sedimentario
C. ciclo de los fósiles
D. ciclo de las rocas

3

¿Cómo se llaman los científicos que estudian las rocas?

A. astrónomos
B. biólogos
C. roqueros
D. geólogos

4

¿En qué tipo de roca podemos encontrar fósiles?

A. ígnea
B. sedimentaria
C. metamórfica
D. lava

5

Con los bellos cristales de roca se pueden hacer _____.

A. brillantinas
B. caramelos duros
C. piedras preciosas
D. juguetes

6

¿De qué están hechas las rocas?

A. minerales
B. semillas
C. seres vivos
D. madera

7

¿De dónde proviene el color de las rocas como esta malaquita?

A. minerales
B. pintura
C. algas
D. crayones

CRISTAL: Forma que adquiere un mineral en una roca cuando la roca se forma

GEÓLOGO: Científico que estudia las rocas

MAGMA: Roca fundida, muy caliente, que se forma en el interior de la Tierra y sale al exterior en forma de lava

ROCAS ÍGNEAS: Rocas que se forman tras el enfriamiento de rocas muy calientes

ROCAS METAMÓRFICAS: Rocas que han cambiado por el calentamiento y la compresión

ROCAS SEDIMENTARIAS: Rocas que se forman cuando pequeños trozos de roca se agrupan y se pegan